Devocionário e novena a Nossa Senhora Auxiliadora

Devocionário e novena a Nossa Senhora Auxiliadora

Edições Loyola

Diagramação: Ademir Pereira
Revisão: Rita de Cássia M. Lopes

Edições Loyola Jesuítas
Rua 1822, 341 – Ipiranga
04216-000 São Paulo, SP
T 55 11 3385 8500/8501 • 2063 4275
editorial@loyola.com.br
vendas@loyola.com.br
www.loyola.com.br

ISBN 978-85-15-02899-3

2ª edição: 2011

Sumário

Amados devotos de Maria Auxiliadora........ 7

Origem e notas históricas........................... 9

Novena a Nossa Senhora Auxiliadora

Primeiro dia.. 13

Segundo dia.. 16

Terceiro dia.. 19

Quarto dia... 22

Quinto dia... 25

Sexto dia... 28

Sétimo dia... 31

Oitavo dia... 34

Nono dia... 37

Imagem de Maria Auxiliadora.................... 40

Festa de Maria Auxiliadora......................... 43

Textos litúrgicos para a Santa Missa........... 44

Ladainha de Nossa Senhora 48

Uma visão profética.................................... 52

Que é que você pensa desta visão?............ 53

Oração a Nossa Senhora Auxiliadora......... 57

Salvai-nos, ó Maria 58

Auxiliadora do povo cristão 66

Bênção com a invocação de
Nossa Senhora Auxiliadora......................... 75

Testemunho... 77

Cantos a Nossa Senhora............................. 80

Oração da família 87

Consagração e súplica a
Nossa Senhora Auxiliadora......................... 89

Oração a Nossa Senhora Auxiliadora......... 91

Amados devotos de Maria Auxiliadora

Na Sagrada Escritura, nos escritos dos santos Padres da Igreja, na Doutrina Católica resumida no *Catecismo*, Maria Santíssima é apresentada como *Mãe de Cristo e Mãe da Igreja*:

"Ícone escatológica da Igreja no seu mistério, na sua peregrinação da fé e o que ela será na pátria no termo final da sua caminhada".

Ela, Mãe de Nosso Senhor Jesus Cristo, brilha como sinal de esperança segura e consolação para o Povo de Deus em peregrinação.

Nós, cristãos, cremos sem dúvida que a Santíssima Mãe de Deus, nova *Eva*, Mãe da Igreja, continua a exercer sua função no Céu aos membros de Cristo. É invocada pelos fiéis, piedosa e sinceramente, com vários títulos, que são conhecidos em várias partes do mundo como: Nossa Senhora Aparecida, Nossa Senhora de Lourdes, Nossa Senhora de Fátima, Nossa Senhora de Guadalupe e Nossa Senhora de Chestocova. Bastaria ler a Ladainha Lauretana para compreender a extensão global da nossa piedade mariana, que poderíamos resumir na seguinte invocação: *Maria, auxílio dos Cristãos, rogai por nós.*

Este "*Devocionário e novena*" pode ser realmente útil para aprofundar nossa devoção a Maria Santíssima, "*Vida, doçura e esperança nossa*", e, pela sua poderosa intercessão, conseguir todas as graças materiais e espirituais necessárias à nossa salvação eterna, único e real objetivo para ser feliz.

Origem e notas históricas

No decorrer da história da Igreja, ao se lembrar das palavras de Maria – "Todas as gerações hão de chamar-me de bendita, pois o Poderoso fez por mim maravilhas e Santo é o Seu Nome" (Lc 1,48-49) –, refletir-se na grandeza de Nossa Senhora e valorizar autenticamente sua cooperação na realização do plano Divino da salvação, o povo de Deus enriqueceu a Mãe de Deus com novo atributo e título de *Auxiliadora dos Cristãos*, que demonstra plena confiança, amor e gratidão dos filhos com a Mãe.

Na criação do mundo, a primeira mulher, Eva, atrapalhou o plano Divino original e trouxe a desordem para a natureza, que até hoje lembramos como "pecado original".

Já naquele tempo, porém "Deus mostrou misericórdia a nossos pais" (Lc 1,72), prometendo enviar outra mulher, Maria de Nazaré, para restaurar e salvar o mundo por seu filho, Jesus Cristo, Deus e Homem verdadeiro, único capaz de reconciliar-nos com Deus Pai Nosso Criador.

Essa criatura amada e pensada pela Divina Providência é Maria, cheia de graça, como o Anjo Gabriel lhe disse naquele tempo: "Ave, cheia de graça, o Senhor é convosco, bendita sois entre todas as mulheres e bendito é o fruto do vosso ventre".

Maria respondeu com humildade: "Eis aqui a serva do Senhor, faça-se em mim de acordo com o que você me falou" (Lc 1,38).

Esse "sim", humilde e generoso, mudou a história da humanidade, contribuindo em grau eminente para a salvação de todos, homens e mulheres, caídos pela rebelião de Adão e Eva e elevados por Maria Santíssima e seu Filho Jesus, Salvador.

Novena a Nossa Senhora Auxiliadora

Primeiro dia

Ave do mar Estrela,
Bendita Mãe de Deus,
Fecunda e sempre Virgem,
Portal feliz dos céus.

Oração

Ó Virgem Santíssima, poderoso auxílio dos Cristãos que recorrem confiados ao trono da vossa misericórdia, ouvi as preces deste pobre pecador que implora o vosso socorro para fugir sempre do pecado e das ocasiões de pecar. Eis a primeira graça que desejo receber nesta novena. Assim seja.

Pai-nosso, Ave-maria e Glória.

Salve-Rainha

Salve, Rainha, Mãe de Misericórdia, vida, doçura, esperança nossa, salve! A vós bradamos os degredados filhos de Eva, a vós suspiramos gemendo e chorando neste vale de lágrimas. Eia, pois, Advogada nossa, esses vossos olhos misericordiosos a nós volvei e, depois deste desterro, mostrai-nos Jesus, bendito fruto do vosso ventre, ó clemente, ó piedosa, ó doce sempre Virgem Maria.

Rogai por nós, Santa Mãe de Deus.

Para que sejamos dignos das promessas de Cristo.

Maria, auxílio dos cristãos, rogai por nós.

Breve leitura bíblica e pequena promessa

"Um sinal grandioso apareceu no céu: uma Mulher vestida com o sol, tendo a lua sob os pés e sobre a cabeça uma coroa de doze estrelas" (Ap 12,1).

"Enfurecido por causa da Mulher, o Dragão foi então guerrear contra o resto dos seus descendentes, os que observam os mandamentos de Deus e mantêm o Testemunho de Jesus" (Ap 12,17).

Duplo sinal distintivo dos fiéis autênticos: Jesus e Maria.

Salvação dos que creem no auxílio dos cristãos.

Até a morte prometo permanecer fiel à minha religião: Santa, Católica, Apostólica, Romana.

Segundo dia

Ouvindo aquela saudação
do Anjo Gabriel,
mudando de Eva o nome,
trazei-nos paz do Céu.

Oração

Maria Santíssima, Mãe de bondade e misericórdia, que muitas vezes, com o vosso visível patrocínio, livrastes o povo cristão dos assaltos e da barbárie dos povos inimigos, livrai, eu vô-la peço, a minha alma dos assaltos do demônio, do mundo e da carne e fazei que eu possa em todo o tempo obter completa vitória sobre os inimigos da minha alma.

Pai-nosso, Ave-maria e Glória.

Salve-Rainha

Salve, Rainha, Mãe de misericórdia, vida, doçura, esperança nossa, salve! A vós bradamos os degredados filhos de Eva, a vós suspiramos gemendo e chorando neste vale de lágrimas. Eia, pois, Advogada nossa, esses vossos olhos misericordiosos a nós volvei e, depois deste desterro, mostrai-nos Jesus, bendito fruto do vosso ventre, ó clemente, ó piedosa, ó doce sempre Virgem Maria.

Rogai por nós, Santa Mãe de Deus.

Para que sejamos dignos das promessas de Cristo.

Maria, auxílio dos cristãos, rogai por nós.

Breve leitura bíblica

"Disse, então, Maria: "Eu sou a serva do Senhor. Faça-se em mim segundo a tua palavra" (Lc 1,38).

Em poucas palavras, Maria Santíssima nos oferece um exemplo de humildade, obediência e disponibilidade para fazer a Vontade de Deus e colaborar na realização do seu Plano de Salvação. Senhor, que queres que eu faça? Fazei-me instrumento da vossa paz.

Terceiro dia

Ao cego iluminai,
ao réu livrai também,
de todo mal guardai-nos
e dai-nos todo o bem.

Oração

Ó Maria, Rainha poderosíssima, que sozinha triunfaste das múltiplas heresias que procuravam arrancar tantos filhos do Grêmio da Santa Madre Igreja, ajudai-me, eu vô-la peço a manter e conservar firme a minha fé e puro o meu coração no meio de tantas insídias e do veneno de tão perversas doutrinas.

Pai-nosso, Ave-maria e Glória.

Salve-Rainha

Salve, Rainha, Mãe de misericórdia, vida, doçura, esperança nossa, salve! A vós bradamos os degredados filhos de Eva, a vós suspiramos gemendo e chorando neste vale de lágrimas. Eia, pois, Advogada nossa, esses vossos olhos misericordiosos a nós volvei e, depois deste desterro, mostrai-nos Jesus, bendito fruto do vosso ventre, ó clemente, ó piedosa, ó doce sempre, Virgem Maria.

Rogai por nós, Santa Mãe de Deus.

Para que sejamos dignos das promessas de Cristo.

Maria, auxílio dos cristãos, rogai por nós.

Breve leitura bíblica e pequena promessa

"Naqueles dias, Maria pôs-se a caminhar para a região montanhosa, dirigindo-se apressadamente a uma cidade de Judá. Entrou em casa de Zacarias e saudou Isabel (Lc 1,39-40).

Maria permaneceu com ela mais ou menos três meses, e voltou para sua casa" (Lc 1,56).

Sem dúvida, Maria permaneceu até o nascimento de São João Batista, porque sabia que as mulheres grávidas precisavam de ajuda e auxílio especial. Aqui, temos um belo exemplo de caridade.

Eu também prometo praticar sempre a caridade e as obras de misericórdia.

Quarto dia

Mostrai ser nossa Mãe,
levando a nossa voz
a Quem, por nós nascido,
dignou-se a vir de vós.

Oração

Ó Maria, minha Mãe dulcíssima, vós que sois a Rainha dos Mártires, por tantos atos heroicos de coragem e fortaleza que tivestes na terra, dignai-vos infundir no meu coração a força necessária para conservar-me constante no vosso serviço, a fim de que, desprezando todo o respeito humano, possa praticar, abertamente e sem envergonhar-me, todos os meus deveres religiosos e mostrar-me sempre e em todas as ocasiões vosso devoto(a) filho(a), até a morte.

Pai-nosso, Ave-maria e Glória.

Salve-Rainha

Salve, Rainha, Mãe de misericórdia, vida, doçura, esperança nossa, Salve. A vós bradamos os degredados filhos de Eva, a vós suspiramos gemendo e chorando neste vale de lágrimas. Eia, pois, Advogada nossa, esses vossos olhos misericordiosos a nós volvei e, depois deste desterro, mostrai-nos Jesus, bendito fruto do vosso ventre, ó clemente, ó piedosa, ó doce sempre, Virgem Maria.

Rogai por nós, Santa Mãe de Deus.

Para que sejamos dignos das promessas de Cristo.

Maria, auxílio dos cristãos, rogai por nós.

Breve leitura bíblica e pequena promessa

"Meu filho, por que agiste assim conosco?

Olha que teu pai e eu, aflitos, te procurávamos" (Lc 2,48). Com que admirável delicadeza Maria adverte seu Filho perdido e achado no templo. Um belo exemplo para os pais de família. Os filhos crescem em sabedoria, estatura e graça, diante de Deus e diante dos homens, quando recebem bom exemplo dos pais.

Na educação dos filhos, prometo sempre praticar a paciência, a prudência e a seriedade.

Quinto dia

Suave mais que todas,
ó Virgem sem igual,
fazei-nos mansos, puros,
guardai-nos contra o mal.

Oração

Ó Maria, Mãe querida, que no triunfo do Papa Pio VII mostrastes o vosso valioso Patrocínio, estendei o vosso manto piedoso por sobre toda a Santa Igreja, especialmente sobre o seu Augusto Chefe, o Papa (João Paulo II), contra os assaltos de tantos inimigos, livrai-o dos sofrimentos temporais e assisti-o sempre, a fim de que possa conduzir seguramente ao porto a barca de São Pedro, e triunfar das ondas orgulhosas que tentam fazê-la sossobrar.

Pai-nosso, Ave-maria e Glória.

Salve-Rainha

Salve, Rainha, Mãe de misericórdia, vida, doçura, esperança nossa, salve! A vós bradamos os degredados filhos de Eva, a vós suspiramos gemendo e chorando neste vale de lágrimas. Eia, pois, Advogada nossa, esses vossos olhos misericordiosos a nós volvei e, depois deste desterro, mostrai-nos Jesus, bendito fruto do vosso ventre, ó clemente, ó piedosa, ó doce sempre, Virgem Maria.

Rogai por nós, Santa Mãe de Deus.

Para que sejamos dignos das promessas de Cristo.

Maria, auxílio dos cristãos, rogai por nós.

Breve leitura bíblica

"Naquele tempo, houve bodas em Caná da Galileia, e a mãe de Jesus estava presente. Jesus também fora convidado para as bodas assim como seus discípulos" (Jo 2,1-2).

Vindo a faltar o vinho das bodas, Jesus fez milagre a pedido de sua mãe. Ela também a nós convida a obedecer de modo especial a Jesus, dizendo:

"O que Ele disser, fazei-o" (Jo 2,5).

"Felizes os que ouvem a Palavra de Deus e a praticam" (Jo 5,24).

Sexto dia

Ó, dai-nos vida pura,
guiai-nos para a luz,
e um dia, ao vosso lado,
possamos ver Jesus.

Oração

Ó Maria, Rainha dos Apóstolos, tomai sob a vossa valiosa proteção os Sagrados Ministros e todos os fiéis da Igreja Católica, alcançai-lhes o espírito de união, de perfeita obediência ao Sumo Pontífice e de zelo fervoroso para a salvação das almas, e especialmente, dignai-vos estender a vossa amorável assistência aos Missionários, para que conduzam todos os povos da terra à fé verdadeira, a fim de que, assim, o mundo todo se torne um só aprisco debaixo do guia de um só Pastor, Jesus Cristo, Nosso Senhor.

Pai-nosso, Ave-maria e Glória.

Salve-Rainha

Salve, Rainha, Mãe de misericórdia, vida, doçura, esperança nossa, salve! A vós bradamos os degredados filhos de Eva, a vós suspiramos gemendo e chorando neste vale de lágrimas. Eia, pois, Advogada nossa, esses vossos olhos misericordiosos a nós volvei, e depois deste desterro mostrai-nos Jesus, bendito fruto do vosso ventre, ó clemente, ó piedosa, ó doce sempre, Virgem Maria.

Rogai por nós, Santa Mãe de Deus.

Para que sejamos dignos das promessas de Cristo.

Maria, auxílio dos cristãos, rogai por nós.

Breve leitura bíblica

"O Senhor é o teu louvor e o teu Deus, é ele quem operou para ti coisas grandiosas" (Dt 10,21).

Na verdade, Deus, olhando a humildade de sua serva fiel, Maria Santíssima, nos deu por meio dela o Salvador de todos os homens, Jesus Cristo, Senhor Nosso.

Ó, Maria, dai-nos a graça de imitar o amor de Deus no nosso próximo.

Sétimo dia

Louvor a Deus, o Pai,
e ao Filho, Sumo Bem,
com seu Divino Espírito
agora e sempre, amém.

Oração

Ó Maria, Mãe de piedade e clemência, que tantas vezes, com a vossa eficaz intercessão, salvastes os cristãos da peste e de outros flagelos do corpo, socorrei-os e livrai-os agora da peste da impiedade e da falta de religião, que de mil maneiras se insinua em suas almas para afastá-los da Igreja e das práticas da piedade, especialmente por meio das seitas, da imprensa e das escolas perversas. Peço-vos, humildemente, amparai os bons, que possam perseverar; fortificai os fracos, chamai à penitência os transviados e os pecadores, para que triunfem aqui na terra a Verdade e o Reino de Jesus Cristo, e assim, cresça a vossa glória e o número dos eleitos no Céu.

Pai-nosso, Ave-maria e Glória.

Salve-Rainha

Salve, Rainha, Mãe de misericórdia, vida, doçura, esperança nossa, salve! A vós bradamos os degredados filhos de Eva, a vós suspiramos gemendo e chorando neste vale de lágrimas. Eia, pois, Advogada nossa, esses vossos olhos misericordiosos a nós volvei e, depois deste desterro, mostrai-nos Jesus, bendito fruto do vosso ventre, ó clemente, ó piedosa, ó doce sempre, Virgem Maria.

Rogai por nós, Santa Mãe de Deus.

Para que sejamos dignos das promessas de Cristo.

Maria, auxílio dos Cristãos, rogai por nós.

Breve leitura bíblica

"Eles perseveravam na oração com Maria, mãe de Jesus" (At 1,14).

Ó Maria, ensina-nos a rezar, confiar e perseverar.

Oitavo dia

Senhora gloriosa,
bem mais que o sol brilhais,
O Deus que vos criou
ao seio amamentais.

Oração

Ó Maria, coluna espiritual da Igreja e socorro dos cristãos, rogo-vos que me conserveis firme na Divina Fé e mantenhais em mim a liberdade e a dignidade dos filhos de Deus. De minha parte, prometo-vos não manchar a minha alma com o pecado, nunca fazer parte de sociedades condenadas pela Santa Sé; prometo-vos obedecer ao Sumo Pontífice e aos Bispos que estão em comunhão com ele, pois quero viver e morrer no seio da Religião Católica, na qual somente posso esperar com certeza a minha eterna salvação.

Pai-nosso, Ave-maria e Glória.

Salve-Rainha

Salve, Rainha, Mãe de misericórdia, vida, doçura, esperança nossa, salve! A vós bradamos os degredados filhos de Eva, a vós suspiramos gemendo e chorando neste vale de lágrimas. Eia, pois, Advogada nossa, esses vossos olhos misericordiosos a nós volvei e, depois deste desterro, mostrai-nos Jesus, bendito fruto do vosso ventre, ó clemente, ó piedosa, ó doce sempre, Virgem Maria.

Rogai por nós, Santa Mãe de Deus.

Para que sejamos dignos das promessas de Cristo.

Maria, auxílio dos cristãos, rogai por nós.

Breve leitura bíblica

"Junto à Cruz de Jesus estava, em pé, sua Mãe" (Jo 19,25).

Jamais podemos esquecer as palavras de Jesus agonizante: “Mãe, eis o teu filho. Filho, eis tua Mãe” (Jo 19,26-27).

“Agonizante, ao discípulo
por sua mãe destes Maria,
para os fiéis terem tal Mãe
presente à última agonia.”

Nono dia

O que Eva destruiu,
no Filho recriais,
do Céu abris a porta
e os tristes abrigais.

Oração

Ó Maria, minha Mãe piedosíssima, que em todos os tempos quisestes ser o auxílio dos cristãos, assisti-me com o vosso poderoso Patrocínio durante a vida toda, mas especialmente na hora da morte, e fazei com que eu, depois de haver-vos amado e venerado na terra, possa ir cantar as vossas misericórdias no Céu. Assim seja.

Ó Deus, que constituíste a Mãe de Vosso Filho Querido, Mãe e Auxílio do povo cristão, concedei, nós vos rogamos, que vivamos sob a sua proteção e que a Igreja se alegre em vossa paz Perpétua.

Por Nosso Senhor Jesus Cristo, Vosso Filho, na unidade do Espírito Santo. Amém.

Pai-nosso, Ave-maria e Glória.

SALVE-RAINHA

Salve, Rainha, Mãe de misericórdia, vida, doçura, esperança nossa, salve! A vós bradamos os degredados filhos de Eva, a vós suspiramos gemendo e chorando neste vale de lágrimas. Eia, pois, Advogada nossa, esses vossos olhos misericordiosos a nós volvei e, depois deste desterro, mostrai-nos Jesus, bendito fruto do vosso ventre, ó clemente, ó piedosa, ó doce sempre, Virgem Maria.

Rogai por nós, Santa Mãe de Deus.

Para que sejamos dignos das promessas de Cristo.

Maria, auxílio dos cristãos, rogai por nós.

Breve leitura bíblica

"Mulher, eis aí teu filho" (Jo 19,26). Maria Santíssima com ânimo materno, consentindo com amor na imolação da vítima por ela gerada, pelo próprio Jesus moribundo na Cruz, foi dada como mãe ao discípulo e a todos nós.

A Virgem Maria é para a Igreja o modelo da fé e da caridade. Maria Auxiliadora coopera na obra do Salvador para a restauração da vida sobrenatural das almas. "Eis aí a tua Mãe."

Imagem de Maria Auxiliadora

Quando olhava a Basílica de Maria Auxiliadora em Turim, Dom Bosco dizia: "Cada pedra desta Igreja representa uma graça".

No altar-mor dessa Igreja, encontra-se a Imagem de Maria Auxiliadora, "Virgem de Dom Bosco", um miraculoso quadro, com tamanho de sete metros por quatro. É a representação mais conhecida de Nossa Senhora Auxiliadora.

Menino ao colo, no braço esquerdo, a Virgem, de cetro e coroa. Rodeada pelos Anjos, Apóstolos e Santos, símbolo da Igreja Triunfante.

A Santíssima Trindade está representada pelo Filho de Deus, que Maria aperta ao coração, pelo Espírito Santo que adeja sobre a Sua cabeça em forma de pomba, e pelo Olho Divino, símbolo do Deus e Criador do Universo, que do alto domina o quadro.

Por baixo, entre os dois Apóstolos maiores, abre-se a visão da colina de Superga e a Igreja do Valdoco.

Apóstolos e Evangelistas, capitaneados por São Pedro e São Paulo, parecem indicar com a oferta das chaves e o gesto da mão, que sempre devemos ter fé na Virgem Auxiliadora.

Os outros Apóstolos ficam de olhos fitos n'Ela, mostrando assim, aos fiéis, que *é preciso recorrer e confiar em Maria.*

Se pensarmos que os Apóstolos são o fundamento da Igreja e os seus propagadores, compreenderemos facilmente o intuito de Dom Bosco ao querer Maria rodeada pelos homens que fundaram a Igreja, com a sua pregação, as suas virtudes e o seu sangue.

Esse quadro de Maria Auxiliadora mostra-nos realmente a Virgem de Dom Bosco como único e singular baluarte e torre invencível da Igreja e dos cristãos.

No último dia da sua vida terrena, Dom Bosco, exausto após dois meses de doença, repentinamente, ao ouvir os sinos da Basílica tocarem o *Angelus*, iluminou-se-lhe o rosto e seus lábios soltaram um grito de entusiasmo: *Vida Maria*!

Foi o programa e a conclusão de toda a sua vida, consagrada a Nossa Senhora, toda a razão de sua e nossa esperança.

Festa de Maria Auxiliadora

(24 de maio)

O Papa Pio VII decretou que se celebrasse para sempre em Roma, a 24 de maio, uma festa em honra da Virgem Maria sob o título de *Auxílio dos Cristãos*.

Essa festa se comemora hoje em muitas igrejas particulares e em institutos religiosos, principalmente na Sociedade de São Francisco de Sales, fundada por São João Bosco.

Dom Bosco difundia a devoção a Maria Auxiliadora, em uma perspectiva eclesial e missionária.

Realmente, a Igreja sempre experimentou auxílio eficacíssimo da Mãe de Deus nas perseguições excitadas pelos inimigos da fé cristã.

Textos litúrgicos para a Santa Missa

ANTÍFONA DA ENTRADA

No coração do teu povo
teu louvor não cessará,
para sempre há de lembrar
o poder do teu Senhor.

Oração

Ó Deus, que destes a Virgem Maria como Mãe e Auxiliadora ao povo cristão, concedei, por sua intercessão, que a vossa Igreja tenha a força de superar na paciência e vencer no amor todas as crises internas e externas, a fim de ser para todos os homens sinal e portadora do Cristo Salvador.

Por nosso Senhor Jesus Cristo, Vosso Filho, na unidade do Espírito Santo. Amém.

Primeira Leitura
(Ap 12,1-17)

"Um esplêndido sinal apareceu no céu..." (leia-se na Bíblia até as palavras; "aos que guardam os mandamentos de Deus e dão testemunhos de Jesus").

SALMO DE MEDITAÇÃO

Cantemos a nosso Deus um canto novo:
Senhor, vós sois grande e glorioso,
admirável em vossa força e invencível.
Que vos sirvam todas as criaturas:
uma palavra vossa e tudo é feito;
enviais vosso sopro e tudo passa a existir;
ninguém há que resista à vossa Palavra.
Se a base das montanhas rola com as águas,
se os rochedos diante de vossa face

fundem-se como cera,
continuais propício aqueles que vos temem.

Segunda Leitura
(Gl 4,4-7)

ACLAMAÇÃO AO EVANGELHO

Aleluia, Aleluia, Aleluia!
Feliz és tu que acreditaste,
Santa Virgem Mãe de Deus:
o Senhor há de cumprir
o que disse e prometeu.

EVANGELHO (Jo 2,1-11) — Bodas em Caná.

ORAÇÃO SOBRE AS OFERENDAS

Olhai, Senhor, com atenção de Pai, as preces do vosso povo, nesta festa de Nossa Senhora, dai-nos experimentar agora e sempre Vosso auxílio e vosso amor.

Por nosso Senhor Jesus Cristo, vosso Filho, na unidade do Espírito Santo.

Amém.

PREFÁCIO (de Nossa Senhora, assim como no Missal).

ANTÍFONA DA COMUNHÃO

O Senhor fez em ti maravilhas:
Teu Deus e teu amor.

Oração depois da comunhão

Senhor Jesus Cristo, que no seio da Virgem Maria vos tornastes verdadeiro homem, dai-nos, por seu auxílio e pelo sacramento recebido, a graça de nos livrar da velhice do pecado e nos revestir de vós, que sois a vida nova.

Vós que sois Deus, com o Pai, na unidade do Espírito Santo.

Amém.

Ladainha de Nossa Senhora

Senhor, tende piedade de nós.
Cristo, tende piedade de nós.
Senhor, tende piedade de nós.
Jesus Cristo, ouvi-nos.
Jesus Cristo, atendei-nos.
Deus Pai dos céus, tende piedade de nós.
Deus Filho, Redentor do mundo, tende piedade de nós.
Deus Espírito Santo, tende piedade de nós.
Santíssima Trindade, que sois um só Deus, tende piedade de nós.
Santa Maria, rogai por nós. (repetir "rogai por nós" depois de cada invocação)
Santa Mãe de Deus.
Santa Virgem das virgens.
Mãe de Jesus Cristo.
Mãe da Igreja.

Mãe da divina graça.
Mãe puríssima.
Mãe imaculada.
Mãe intacta.
Mãe amável.
Mãe admirável.
Mãe do bom conselho.
Mãe do Criador.
Mãe do Salvador.
Virgem prudentíssima.
Virgem venerável.
Virgem louvável.
Virgem poderosa.
Virgem benigna.
Virgem fiel.
Espelho de justiça.
Causa de nossa alegria.
Vaso honorífico.
Vaso insigne de devoção.
Rosa mística.
Torre de Davi.

Torre de Marfim
Casa de ouro.
Arca da aliança.
Porta do Céu.
Estrela da manhã.
Saúde dos enfermos.
Refúgio dos pecadores.
Consoladora dos aflitos.

AUXÍLIO DOS CRISTÃOS

Rainha dos anjos.
Rainha dos patriarcas.
Rainha dos profetas.
Rainha dos apóstolos.
Rainha dos mártires.
Rainha dos confessores.
Rainha das virgens.
Rainha de todos os santos.
Rainha concebida sem pecado original.
Rainha assunta ao Céu.
Rainha do Santo Rosário.

Rainha da paz.
Cordeiro de Deus, que tirais o pecado do mundo,
perdoai-nos, Senhor.
Cordeiro de Deus, que tirais o pecado do mundo,
ouvi-nos, Senhor
Cordeiro de Deus, que tirais o pecado do mundo,
tende piedade de nós.
Rogai por nós, Santa Mãe de Deus.
Para que sejamos dignos das promessas de Cristo.

Oremos: Senhor Deus, nós vós suplicamos que concedais a vossos servos perpétua saúde do corpo e da alma, e que, pela gloriosa intercessão da bem-aventurada Virgem Maria, sejamos livres da presente tristeza e gozemos da eterna alegria. Por Cristo Senhor Nosso. Amém.

Uma visão profética

Certo dia, o Santo Cardeal Schuster disse a um salesiano: "Vi reproduzida a visão das duas colunas, que apareceram a Dom Bosco. Diga a seus superiores que a façam reproduzir em imagens e postais e as difundam por todo o mundo católico, porque essa visão de Dom Bosco é de grande atualidade. A Igreja e o povo cristão só se salvarão com estas duas devoções: a Eucaristia e Maria, auxílio dos cristãos".

Que é que você pensa desta visão?

O sonho das duas colunas no mar: a visão de Dom Bosco a respeito do futuro da Igreja.

Para responder a essa pergunta, leia com atenção a seguinte narração.

Dom Bosco, por humildade chamou-a *um sonho*, "mas a *história* confirmou a *profecia do vidente*".

"Parecia-me que estava sobre um grande rochedo, rodeado pelo mar imenso, agitado pelo bramido e pelo estrondo de uma terrível tempestade...

Eu vi saindo dessa borrasca enorme um navio de grande tamanho e no seu bordo *o Papa, os cardeais, os bispos e sacerdotes com seu povo.*

Naquela vasta superfície de água, eu vi uma multidão incontável de navios pequenos e grandes, dispostos em ordem de batalha, armados com canhões e cheios de fuzis, de armas de todo o tipo, de material inflamável e também de livros.

Esses navios avançaram contra o maior e mais alto que todos os outros para chocar-se contra ele e incendiá-lo.

O mar agitado favorecia os atacantes... Em uma das ofensivas, eu vi que foi atingido também o Papa, que ficou gravemente ferido, perdendo muito sangue...

No meio da imensa extensão do mar, eu vi elevar-se das ondas *duas robustas colunas*, pouco distantes uma da outra. No cimo de uma, via-se instalada a estátua da Virgem Imaculada Maria, em cujos pés foi pendurado um grande cartaz com esta inscrição: *Auxílio dos Cristãos*.

Sobre a outra coluna, muito mais alta e de maior diâmetro, havia uma *hóstia* de grande proporção, abaixo dela um cartaz com as palavras: *salvação dos crentes*...

A borrasca voltou espantosa, e o Papa, ao leme do navio, dirigia todos os seus esforços para que seu navio fosse levado adiante, até que pudesse ancorar entre essas *duas colunas*...

Nessa luta terrível, morreu o Papa. O novo Papa, superando todos os obstáculos e dirigindo a nave corajosamente, pôs-se entre as *duas colunas*.

Então sucedeu uma mudança total: fugiram as naus inimigas, extraviaram-se, chocaram-se entre si e se despedaçaram ou afundaram...

No mar reinou grande calma. As naus que combateram a favor do Papa foram amarradas junto às duas colunas. Reconhecendo que recebemos a salvação pela devoção a Maria Santíssima e Jesus Misericordioso na Eucarístia."

Essa visão de Dom Bosco, narrada e resumida em poucas palavras, é ainda hoje atual, quando o mundo atinge mais de dois mil anos da Era Cristã.

Surgem novos provocadores de pânico, falsos profetas e representantes da Nova Ordem Mundial com planos e programas camuflados.

Jesus Cristo a todos nos admoesta, por meio dos seus ensinamentos e da sua Igreja, governada pelo Papa: "Vigiai e orai", "Coragem, tua fé te salvará". Nossa fé temos resumida na Eucaristia e na devoção a Maria. Salvação dos que creem no auxílio dos cristãos.

Oração
a Nossa Senhora Auxiliadora

(São João Bosco)

Ó Maria Virgem poderosa,
Tu, grande e ilustre defensora da Igreja,
Tu, Auxílio maravilhoso dos cristãos,
Tu, terrível como exército ordenado em batalha,
Tu, que destruíste a heresia em todo o mundo:
nas nossas angústias,
nas nossas lutas,
nas nossas aflições,
defende-nos do inimigo,
e, na hora da morte,
acolhe a nossa alma no Paraíso.
Amém.

Salvai-nos, ó Maria

São João Apóstolo lembra que, depois que Jesus manifestou sua glória em Caná, sua mãe desceu com ele para Cafarnaum (Jo 2,12).

E o mesmo Apóstolo coloca Maria entre diversas mulheres, junto à Cruz de Jesus (Jo 19,25).

Na vida de Maria Santíssima, podemos ver Deus comprometendo-se com o primeiro grupo de discípulos, transformando-se em "discípula" de Jesus, não só na condição de sua Mãe, mas também por uma atitude de fé.

Aí está Maria, formando parte de um grupo de mulheres, ainda nos dias de Jesus, como em uma escola de formação.

Não sabemos o grau de intimidade que houve entre Maria e essas mulheres. Seja como for, é óbvio que, sendo elas tão entusiastas seguidoras de Jesus, quereriam saber de Maria os pormenores da infância de Jesus e perguntariam detalhes sobre certas épocas da vida dele, sobre as quais ninguém sabia nada.

Passaram os dias. Passaram também todos aqueles acontecimentos que estiveram a ponto de desequilibrar a todos, inclusive aos apóstolos. Cristo ressuscitou. Reapareceram a fé e o entusiasmo. Chegou o Espírito Santo Consolador. Com sua luz, a primeira comunidade cristã proclamou Jesus como Cristo, Messias, Salvador e Senhor. A essa altura, Maria não podia ocultar as maravilhas que tinham sido operadas nela desde os dias primitivos.

Era a hora exata para revelar as novidades. Foi um pequeno e íntimo círculo feminino que recebeu primeiro as confidências de Maria: íntimas, maternais, básicas e essenciais para nossa religião autêntica.

Os investigadores, que estudam o contexto vital das primeiras comunidades, ressaltam um fenômeno que comove bastante: dizem que a veneração por Maria na Igreja Católica brotou quase desde o primeiro momento nas primeiras comunidades. É justamente o sinal da religião autêntica, genuína, verdadeira.

As primeiras comunidades e depois todos os cristãos autênticos sentiam *uma devoção espontânea e notória pela Mãe do Senhor*.

Por isso, devemos pensar que havia esse grupo feminino especial que rodeou Maria com grande confiança e carinho.

Esse grupo sentia profunda veneração por ela, não somente porque era venerável, por tratar-se da Mãe do Senhor, mas porque ela mesma se fazia reverenciar por seu permanente comportamento cheio de dignidade, humildade e paz.

São Lucas Evangelista, que pesquisou entre as testemunhas oculares, encontrou justamente essas joias de nossa fé, que havia nos reduzidos círculos femininos, adoutrinadas confidencialmente por Nossa Senhora, e as inseriu em seu Evangelho.

A humildade e a modéstia envolvem toda a vida de Nossa Senhora. Ela nunca concentra em si mesma a atenção. Maria sempre proclama e transfere as maravilhas do Senhor e sua Misericórdia. Para Ela, só Deus é importante.

Maria por toda vida meditava as palavras do seu filho, guardando-as em seu coração.

A personalidade de Maria impressionava por seus relevos de humildade e coragem. Ao longo de sua vida, sempre procurou ficar oculta na penumbra de um segundo plano. Mas, quando chega a hora da humilhação, Maria avança e se põe em primeiro plano, digna e silenciosa, *heroicamente corajosa*.

São Marcos Evangelista conta que, no Calvário, havia um grupo de mulheres que "olhavam de longe" (Mc 15,40). Mas São João Apóstolo e Evangelista indica explicitamente que a Mãe de Jesus permanecia ao pé da Cruz (Jo 19,25).

Jesus, moribundo, ao dizer: "Eis teu Filho, eis tua Mãe", teve uma atitude de delicadeza, preocupando-se com o futuro de sua Mãe, mas, nessa atitude, descobrimos uma realidade mais profunda: um sentido "messiânico".

Que quer dizer messiânico?

Significa que algum fato ou algumas palavras não se esgotam em seu sentido direto, natural ou literal, mas encaram um significado transcendente e, além do mais, transcendência e universalidade dizem respeito a todos os homens.

Por isso, o Senhor Jesus, embora em situação física desesperadora na Cruz, manteve a decisão inquebrantável de cumprir a vontade do Pai, levando a cabo todas as disposições, sem deixar nada por fazer.

Daí se conclui que a disposição de Jesus, dada nas palavras "eis tua Mãe, eis teu Filho" (Jo 19,25-27), tem alcance *messiânico*. Nesse encargo Jesus entrega Maria como Mãe da humanidade na pessoa de João.

Concluímos também que essa entrega testamentária de sua Mãe à humanidade foi o último ato messiânico de Jesus, tendo consciência, antes de morrer, de ter cumprido tudo.

"Depois, sabendo Jesus que tudo estava consumado, disse: Tenho Sede" (Jo 19,28).

Jesus tinha sede para que se cumprissem todos os seus mandamentos e as suas disposições.

"E, inclinando a cabeça, entregou o espírito" (Jo 19,30). Jesus, dizendo antes de morrer: "*Eis a tua Mãe*", fazia todos os redimidos "*filhos de Maria*".

Desde agora e para sempre, todos os redimidos têm uma Mãe, por expressa e última vontade do Senhor: *A própria Mãe de Jesus*. Ninguém no mundo, pelos séculos, poderia queixar-se de orfandade ou de solidão na travessia de sua vida. O relacionamento entre os redimidos e a Mãe devia ser realizado na linha materno-filial. Era a última vontade de Jesus, sua oferenda mais querida. Em sua última atuação, Jesus pregado na Cruz entregou sua Mãe à Igreja, para que toda a Igreja cuidasse dela com fé permanente e amor filial.

E, como Mãe, Maria atenderia com cuidado maternal todas as necessidades da Igreja, conduzindo-a pelos caminhos da salvação.

Se os devotos de Maria pensassem e meditassem as últimas palavras de Jesus agonizante na Cruz, seriam capazes, como Maria Santíssima, de realizar com êxito sua missão e sua vocação no lar, na vida social e na Igreja.

Auxiliadora do povo cristão

Dom Bosco, fundador da Congregação Salesiana, espalhou a devoção a Nossa Senhora invocada em todo mundo com este título: *Auxiliadora*, que lembra a perene proteção de Maria Santíssima à Igreja e ao Papa. Os fiéis intuíram a intervenção sobrenatural de Nossa Senhora, invocada como *auxiliadora*. Na Obra de Oratório, com muito acerto, chamaram-na "*A Virgem de Dom Bosco*".

Já em 1824, Joãozinho Bosco, com nove anos, como ele mesmo conta, teve o primeiro sonho profético, em que lhe foi manifestado o campo do seu futuro apostolado e ouviu a voz misteriosa do Senhor dizer-lhe: "*Dar-te-ei a Mestra*". E logo apareceu a Senhora de aspecto majestoso que o animou a trabalhar para corrigir o comportamento dos meninos malcriados.

Nossa Senhora aparecia frequentemente nos sonhos de Dom Bosco e foi a estrela do seu apostolado.

Ele a chamava de Mãe e sustentadora, que socorria a Congregação Salesiana, especialmente quando precisava de auxílio extraordinário para atender as necessidades dos meninos pobres e abandonados, sobretudo quando suas almas corriam perigo. E durante toda a sua vida, Dom Bosco foi incansável em fazê-la conhecida, amada e honrada.

Discursos, conferências, livros, festas: seriam necessário muito tempo para recordar todas as iniciativas do fervor mariano de Dom Bosco.

A construção da Basílica de Maria Auxiliadora, em 1868, representou o amor do Santo e dos seus filhos espirituais à celeste Mãe.

Teve sempre ternura de filho no seu amor e no seu reconhecimento para com Ela, que o guiou e o socorreu com a sua visível e por vezes miraculosa proteção.

"Maria Santíssima é minha Mãe", dizia Dom Bosco. "Ela é minha tesoureira. Ela foi sempre a minha guia."

Em suas conferências, Dom Bosco sempre procurava responder a estas três perguntas:

Por que a honramos?

Por que a invocamos?

Por que é auxiliadora?

Porque Ela é Mãe de Deus, Mãe de Jesus Cristo e nossa Mãe.

A Igreja nos ensina também que Maria é a Medianeira de todas as graças.

Maria Santíssima, modelo perfeito de todas as virtudes, nos ensina com seu exemplo como devemos imitar seu Divino Filho. Precisamente na imitação das virtudes de Maria se manifesta nossa verdadeira devoção. Encontramos suas virtudes nas páginas dos Evangelhos: obediência, humildade e pureza de coração. Por motivos históricos e litúrgicos, quando falamos de Maria Santíssima como auxílio dos cristãos, logo Ela nos aparece como a Defensora da Igreja, da civilização Cristã, do Papa, dos nossos Bispos e de todo cristão. "Auxílio dos Cristãos."

Conhecida por vários títulos, como: Nossa Senhora Aparecida, Nossa Senhora Consolata, Nossa Senhora Virgem das Mercedes e Nossa Senhora da Chestochova, como a chamam os poloneses, representa a mesma Mãe de Deus a quem todos recorrem, para alcançar a união na fé e na obediência ao vigário de Cristo.

Portanto, Nossa Senhora não é só de Dom Bosco, mas também da Igreja, do Papa e de todos nós.

AUXÍLIO DOS CRISTÃOS

Esse título foi introduzido na Ladainha de Nossa Senhora pelo Papa São Pio V, após a vitória dos cristãos na batalha de Lepanto, alcançada graças ao auxílio de Deus invocado pela intercessão de Nossa Senhora.

Em 1571, Dom João, príncipe austríaco, comandou os cristãos nessa batalha.

São Pio V enviou para o Imperador uma bandeira, na qual estava bordada a imagem de Jesus crucificado. A preparação dos soldados à batalha consistiu em um triduo de jejuns, orações e procissões, suplicando a Deus a graça da vitória, pois o inimigo não era apenas uma ameaça para a Igreja e para a religião católica, mas também para a civilização.

No dia 7 de outubro de 1571, tendo recebido a Santa Eucaristia e invocado o nome de Maria, *auxílio dos Cristãos*, partiram para a batalha contra as poderosíssimas forças do mundo islâmico, travando a batalha naval nas águas de Lepanto, que durou três horas.

A vitória coube aos cristãos, que, ao grito de "*Viva Maria*", hastearam a bandeira de Cristo.

Em 7 de outubro, o Papa São Pio V estava em oração nos seus aposentos de Roma e recebeu do Céu o anúncio da vitória milagrosa, por isso acrescentou na Ladainha Lauretana o título de *Maria, Auxílio dos Cristãos*. E estabeleceu esse dia para celebrar a festa de Santa Maria da Vitória, perpetuando a memória desse extraordinário acontecimento.

Mais tarde, por causa da libertação de Viena, sitiada pelos turcos, em 1863, o rei da Polônia, João III Sobieski, que chegou com as tropas polonesas em auxílio para a cidade sitiada, confessou humildemente ao Papa: "*Veni, vidi Deus dedit victoriam*" ("*cheguei, vi, Deus deu vitória*"). Recordando a todos e atribuindo à Virgem Maria tamanha graça, o Papa Pio VII estabeleceu a *Festa de Maria Auxiliadora* no dia 24 de maio, como gratidão por ter sido libertado da injusta opressão em que se achava, ou seja, prisioneiro do imperador Napoleão Bonaparte, na França.

A devoção a Nossa Senhora Auxiliadora foi crescendo cada vez mais e mais. O Papa Pio IX fundou no Santuário de Turim (Itália) uma Arquiconfraria, enriquecendo-a de muitas indulgências e de favores espirituais (5 de abril de 1870).

Em 17 de maio de 1903, por decreto do Papa Leão XIII, foi solenemente coroada a imagem de *Maria Auxiliadora*, que se venera no Santuário de Turim.

Dom Bosco ensinou aos membros da família Salesiana a amar Nossa Senhora, invocando-a com o título de *Auxiliadora*.

Pode-se afirmar que a invocação de Maria com o título de *Auxiliadora* teve um impulso enorme de Dom Bosco. Foi tão divulgado o amor do Santo pela Virgem *Auxiliadora* que Ela ficou conhecida também como a "Virgem de Dom Bosco".

Para perpetuar o seu amor e a sua gratidão para com Nossa Senhora, quis Dom Bosco que a congregação por ele fundada juntamente com Santa Maria Domingas Mazzarello representasse um monumento vivo de sua gratidão.

Podemos concluir essas palavras com as do Papa João Paulo II:

"A devoção a Maria é fonte de vida cristã, é fonte de compromisso com Deus e com os irmãos.

Permanecei na escola de Maria, escutai a sua voz, segui os seus exemplos, como ouvimos no Evangelho.

Ela nos orienta para Jesus: 'Fazei o que ele vos disser'" (Jo 2,5).

E, como outrora, em Caná da Galileia, encaminha ao Filho as dificuldades dos homens, obtendo d'Ele as graças desejadas. Rezemos com Maria e por Maria. Ela é sempre a *Mãe de Deus e nossa*.

Bênção com a invocação de Nossa Senhora Auxiliadora

— A nossa proteção está no nome do Senhor.

— Que fez o céu e a terra.

— Ave, Maria...

— À vossa proteção recorremos, santa Mãe de Deus. Não desprezeis as nossas súplicas nem nossas necessidades e livrai-nos sempre de todos os perigos, ó Virgem gloriosa e bendita.

— Maria, Auxiliadora dos Cristãos.

— Rogai por nós.

— Ouvi, Senhor, a minha oração.

— E chegue a vós o meu clamor.

— O Senhor esteja convosco.

— Ele está no meio de nós.

OREMOS: Senhor eterno e onipotente, que, pela intervenção do Espírito Santo, vos dignastes preparar o corpo e a alma da gloriosa Virgem e Mãe Maria para digna morada do vosso Filho, fazei que sejamos livres da morte eterna e dos males que nos rodeiam, pela intercessão daquela cuja comemoração nos alegra. Por Cristo, nosso Senhor.

— Amém.

(O sacerdote asperge com água benta a(s) pessoa(s) que recebe(m) a bênção, dizendo:)

E a bênção de Deus todo-poderoso,
Pai e Filho e Espírito Santo, desça sobre
ti (vós) e permaneça para sempre.

— Amém.

Testemunho

"Entre várias lembranças de toda minha vida sacerdotal, guardo uma, que mais ficou gravada e relacionada à prova da eficácia da *Bênção de Maria Auxiliadora*, recomendada por São João Bosco.

Certa noite, à uma hora da madrugada, fui acordado por telefone. Recebi um pedido: que eu visitasse uma pessoa doente que sofrera um ataque do coração.

Descontente por despertar-me em uma hora tão incômoda por pessoas que nem pertenciam à nossa paróquia, aceitei, contudo, o pedido e fui de carro particular à casa situada no outro extremo da cidade.

A doente estava inconsciente, como se estivesse dormindo, e toda família estava chorando e rezando. O médico disse que não poderia fazer nada naquela situação.

Em poucas palavras, depois de consolar a família, pedi que conservasse a calma e manifestasse a disposição cristã de aceitar a Vontade de Deus Misericordioso e disse:

— Meus irmãos: depois de conceder à doente perdão dos pecados, quero dar-lhes a *Bênção de Maria Auxiliadora*.

No momento em que falei: "A nossa proteção está no nome do Senhor", a doente deu um profundo respiro, abriu os olhos pedindo água, que as filhas imediatamente lhe deram de beber, e o médico aplicou-lhe uma injeção. Comovido igualmente como todos os presentes, terminei a *bênção* rezando Ave-maria, sob a proteção de Maria Auxiliadora e aspergindo todos com a água-benta.

Voltando à minha residência, fiz uma pequena reflexão, reconhecendo, com humildade, que não fui digno de presenciar o que aconteceu naquela noite ao ver com meus próprios olhos a eficácia da *Bênção de Maria Auxiliadora*."

K.W.

Cantos a Nossa Senhora

Auxiliadora Virgem formosa,
dos pequeninos, Mãe dadivosa,
de mil tormentas entre o furor,
teus filhos salva, Astro de Amor.
Bradamos todos — numa só voz:
Auxiliadora: rogai por nós. (duas vezes)

Tu que, do empíreo, és Soberana,
tem dó da imensa miséria humana.
Do nosso exílio, pelo caminho
envolve a todos no teu carinho.
Bradamos todos...

A efígie diz-nos quanto és bondosa,
Virgem Maria, quão poderosa;
Jesus que apertas ao coração,
o cetro régio que tens na mão.
Bradamos todos...
Volve-nos meiga o olhar benigno,

tu que venceste satã, o maligno;
detém-lhe os botes da sanha irada,
Auxiliadora Imaculada.
Bradamos todos...

Ave Maria, Mãe do Salvador,
viva esperança do povo sofredor,
face materna, sinal do nosso Deus
vem orientar os homens filhos teus.

Maria, Mãe da Igreja, Rainha universal
modelo de virtude, liberta-nos do mal.
Ensina a ser fiel o povo do Senhor
que o mundo se transforme
num reino de amor.

Humilde serva, vem nos ensinar
por onde ir e como caminhar,
servindo a Deus e também a nosso irmão
como resposta a nossa vocação.

Maria, Mãe da Igreja...
És bem feliz porque soubeste crer
dizendo sim, sem nada em ti reter,

serás bendita em todas as nações,
em ti sentimos a paz dos corações.
Maria, Mãe da Igreja...

Mãe do céu morena,
Senhora da América Latina
de olhar e cavidade tão divina,
de cor igual à cor de tantas raças.
Virgem tão serena,
Senhora destes povos tão sofridos,
patrona dos pequenos e oprimidos
derrama sobre nós as tuas graças.

Derrama sobre os jovens tua luz.
Aos pobres vem mostrar o teu Jesus.
Ao mundo inteiro traz o teu amor de mãe.
Ensina quem tem tudo a partilhar.
Ensina quem tem pouco a não cansar.
E faz o nosso povo caminhar em paz.
Derrama a esperança sobre nós.
Ensina o povo a não calar a voz.
Desperta o coração de quem não acordou.

Ensina que a justiça é condição
de construir um mundo mais irmão.
E faz o nosso povo conhecer Jesus.

Oh! Vinde e vamos todos
com flores à porfia,
com flores a Maria
que é nossa amável Mãe.

De novo aqui estamos,
puríssima donzela.
Ó, vinde...
Acredita, *Auxiliadora*,
as nossas pobres flores,
colhidas nos fervores
do teu risonho mês.
Ó, vinde...
São lírios de pureza,
de amor fragrantes rosas,
violetas humildosas,
Senhora, bem o vês.
Ó, vinde...

Pelas estradas da vida

nunca sozinho estás,
contigo pelo caminho,
Santa Maria vai.
Ó, vem conosco, vem caminhar,
Santa Maria vem.

Mesmo que digam os homens
que nada podes mudar,
lutas por um mundo novo
de unidade e paz.
Ó, vem conosco...

Se pelo mundo os homens
sem conhecer-se vão,
não negues nunca a tua mão
a quem te encontrar.
Ó, vem conosco...

Se parecer tua vida
inútil caminhar,
lembra que abres caminho.
Outros te seguirão.
Ó, vem conosco...

Com minha Mãe estarei,
na Santa Glória um dia,
junto à Virgem Maria,
no céu triunfarei.
No céu, no céu
Com minha Mãe estarei.

Com minha Mãe estarei,
mas já que hei ofendido
a seu Jesus querido
as culpas chorarei.
No céu, no céu
com minha Mãe estarei.

Com minha Mãe estarei,
unindo-me aos anjos,
no coro dos arcanjos
sua glória cantarei.
No céu, no céu
com minha Mãe estarei.

Maria Santíssima,
ao vosso reino queremos chegar.
A Jesus pedimos perdão

e a vós oferecemos
o nosso coração.
No céu brilham estrelas,
e brilha o sol.
Que lindo é o luar.
Que ilumina a escuridão.
Que linda é a vida,
que lindo é o lar,
e com a Mãe querida,
por fim ao céu chegar.

Oração da família

Ó Deus, de quem vem toda a paternidade, no Céu e na Terra, tu que és amor e vida, faze que nesta terra, por teu Filho Jesus Cristo, "nascido de mulher", e pelo Espírito Santo, fonte de caridade divina, cada família humana se torne um verdadeiro santuário de vida e amor para as gerações que se renovam sem cessar.

Que tua graça oriente os pensamentos e as ações dos esposos para o maior bem de suas famílias, de todas as famílias do mundo.

Que as gerações jovens encontrem na família um apoio inabalável que as torne cada vez mais humanas e as faça crescer na verdade e no amor.

Que o amor fortalecido pela graça do sacramento do matrimônio seja mais forte do que todas as fraquezas e as crises por que passam, às vezes, nossas famílias.

Enfim, nós te pedimos, pela intercessão da santa família de Nazaré, que em todas as nações da Terra a Igreja possa dar frutos no cumprimento de sua missão na família e pela família, tu que és a vida, a verdade e o amor, na unidade do Filho e do Espírito Santo. Amém.

João Paulo II

Consagração e súplica a Nossa Senhora Auxiliadora

Santíssima Virgem Maria, a quem Deus constituiu Auxiliadora dos Cristãos, nós Vos escolhemos como Senhora e Protetora desta casa.

Dignai-vos mostrar aqui Vosso auxílio poderoso. Preservai esta casa de todo perigo: do incêndio, da inundação, do raio, das tempestades, dos ladrões, dos malfeitores, da guerra e de todas as outras calamidades que conheceis.

Abençoai, protegei, defendei, guardai como coisa vossa as pessoas que vivem nesta casa.

Sobretudo, concedei-lhes a graça mais importante: a de viver sempre na amizade de Deus, evitando o pecado.

Dai-lhes a fé que tivestes na Palavra de Deus, e o amor que nutristes para com o Vosso Filho Jesus e para com todos aqueles pelos quais Ele morreu na Cruz.

Maria, Auxílio dos Cristãos, rogai por todos os que moram nesta casa que Vos foi consagrada.

Assim seja.

Oração a Nossa Senhora Auxiliadora

(De São João Bosco)

Ó Maria Virgem poderosa, Tu, grande e ilustre defensora da Igreja, Tu, auxílio maravilhoso dos cristãos. Tu, terrível como exército ordenado em batalha, Tu, que, só, destruíste toda heresia em todo mundo: ah! nas nossas angústias, nas nossas lutas, nas nossas aflições, defende-nos do inimigo e, na hora da morte, acolhe a nossa alma no Paraíso. Amém.

CONHEÇA OUTROS TÍTULOS DESTA COLEÇÃO

Dev. à Juventude
Dev. ao Coração de Jesus
Dev. e Nov. à Imaculada Conceição
Dev. e Nov. à Misericórdia Divina
Dev. e Nov. a N. Sra. Mãe, Rainha Três Vezes Admirável
Dev. e Nov. a Nossa Sra. Aparecida
Dev. e Nov. a Nossa Sra. Auxiliadora
Dev. e Nov. a Nossa Sra. da Cabeça
Dev. e Nov. a Nossa Sra. da Defesa
Dev. e Nov. a Nossa Sra. da Saúde
Dev. e Nov. a Nossa Sra. das Graças
Dev. e Nov. a Nossa Sra. de Fátima
Dev. e Nov. a Nossa Sra. Desatadora de Nós
Dev. e Nov. a Nossa Sra. do Carmo
Dev. e Nov. a Nossa Sra. do Desterro
Dev. e Nov. a Nossa Sra. do Perpétuo Socorro
Dev. e Nov. à Sagrada Face
Dev. e Nov. a Santa Clara
Dev. e Nov. a Santa Edwiges
Dev. e Nov. a Santa Josefina Bakhita
Dev. e Nov. a Santa Luzia
Dev. e Nov. a Santa Rita de Cássia
Dev. e Nov. a Santo Expedito
Dev. e Nov. a São Benedito
Dev. e Nov. a São Bento, Abade
Dev. e Nov. a São Francisco de Assis
Dev. e Nov. a São José
Dev. e Nov. a São Judas Tadeu
Dev. e Nov. a São Sebastião Mártir

Dev. e Nov. ao Anjo da Guarda
Dev. e Nov. ao Espírito Santo
Dev. e Nov. ao Menino Jesus de Praga
Dev. e Nov. ao Pe. Pio Santo Estigmatizado
Dev. e Nov. ao Santíssimo Sacramento
Dev. e Nov. às Almas
Dev. e Nov. missionária a Santa Teresinha
Dev. e Trez. a Santo Antônio
Jesus, Bom Pastor – Manual e Novena
Minha Primeira Eucaristia
Minutos reflexivos
Novena a Nossa Senhora do Monte Serrat
Orações de Sempre
Parábolas de Jesus Cristo
Via-Sacra

FSC
www.fsc.org
MISTO
Papel produzido
a partir de
fontes responsáveis
FSC® C008008

Edições Loyola

editoração impressão acabamento

rua 1822 nº 341
04216-000 são paulo sp
T 55 11 3385 8500/8501 • 2063 4275
www.loyola.com.br